THOMAS
ET LE MISTERIO DALÍ

Tip TONGUE

DES ROMANS QUI PASSENT PETIT À PETIT EN ESPAGNOL

Tip Tongue, c'est un voyage en immersion

Le héros, un jeune Français comme le lecteur, part en voyage dans un pays étranger et vit une aventure aux côtés de personnages qui parlent… espagnol. Comme dans la vraie vie!

Avec Tip Tongue, lire de l'espagnol devient naturel

Pas besoin de dictionnaire! Au début du roman, la langue étrangère se trouve seulement dans les dialogues, puis elle entre petit à petit dans la narration. Le lecteur comprend tout grâce aux stratégies des personnages pour communiquer. Le dernier chapitre est à 100 % en espagnol.

L'audio-book

Chaque titre offre une version intégrale audio téléchargeable. Un véritable bain de langue avec des accents authentiques pour découvrir comment se prononce un mot en langue étrangère au moment où on le lit!

MP3
VERSION AUDIO GRATUITE

Pour découvrir la collection et écouter un extrait: **http://tiptongue.syros.fr**

Tip Tongue se décline en anglais, espagnol, allemand… et pour tous les âges, de 8 à 17 ans.

La collection a obtenu en 2015 le **Label européen des langues**, récompensant l'excellence en matière d'apprentissage innovant. Chaque roman correspond à un niveau cible du **CECRL** (Cadre européen commun de référence pour les langues), sur lequel sont basés les programmes scolaires :

A1 (primaire et 6e), A2 (collège), B1 (lycée).

Se passionner

S'immerger

S'amuser

Être en empathie avec les personnages

Partager

Être encouragé, motivé

Être bienveillant

Répéter

Être créatif

Lire de bonnes histoires

S'améliorer

TIP TONGUE, C'EST UN ÉTAT D'ESPRIT : PLAISIR, CURIOSITÉ, CONFIANCE EN SOI !

Une collection dirigée par Stéphanie Benson

Label européen des langues

En partenariat avec l'UFR Langues et Civilisations
Université Bordeaux-Montaigne.

www.tiptongue.u-bordeaux-montaigne.fr

Illustrations de Clément Rizzo

ISBN : 978-2-74-852415-4

25, avenue Pierre-de-Coubertin, 75013 Paris

GILLES FONTAINE

THOMAS
ET LE MISTERIO DALÍ

SYROS

Pour Ziz et sa brochette

LP 188 BZ

Capítulo Uno

BIENVENIDO A CADAQUÉS

L'autoroute défilait sous mes yeux. Nous avions laissé Clermont-Ferrand derrière nous une heure plus tôt ; bientôt ce serait l'immense viaduc de Millau. La chaussée était dégagée, mais de la neige recouvrait les bas-côtés. Antoine, mon père, conduisait, le corps comme tendu vers la route, perdu dans ses pensées. Maman était restée à Paris, ce qui me valait d'occuper le siège passager. Elle est historienne de l'art, et spécialiste des peintres du XXe siècle. Son grand projet, c'était l'exposition au Centre Pompidou consacrée au peintre espagnol

Salvador Dalí, qui devait ouvrir juste après les vacances de Noël. Mais les préparatifs avaient pris du retard, parce que les tableaux prêtés par le musée Dalí de Figueres avaient été expédiés trois jours après la date convenue. Maman allait devoir travailler pendant que Papa et moi serions en vacances.

– Vous devriez partir quelque part, avait-elle suggéré.

– On ne va pas t'abandonner, avait répondu Papa, en plaisantant à moitié.

– J'aurai moins de scrupules à travailler tard si je ne vous sais pas à l'appartement à m'attendre. Et ça fera du bien à Thomas de partir s'aérer un peu.

J'imagine qu'elle faisait allusion à mon premier trimestre de cinquième que j'avais trouvé assez rude. Papa avait réfléchi deux jours puis m'avait annoncé la nouvelle : nous passerions une petite semaine à Cadaqués. Nous partirions juste après Noël et serions de retour pour fêter la nouvelle année avec Maman.

– Je vais passer pas mal de temps à corriger les examens de fin de trimestre, m'avait prévenu Papa. Il faudra que tu te débrouilles pour t'occuper.

Alors qu'il ralentissait pour régler le péage du viaduc, j'essayai de me rappeler la dernière fois où nous n'étions pas partis en vacances tous les trois, mais je n'y parvins pas. C'était un peu étrange de me retrouver seul avec Papa, loin de la maison. Lui et moi sommes du genre silencieux ; comment allions-nous nous débrouiller sans Maman qui constituait le pivot de notre petite famille ?

Cadaqués est un village de bord de mer situé tout au nord de l'Espagne, à moins d'une heure de la frontière avec la France. C'est là que nous passons tous nos étés, dans une maison que louent mes grands-parents. Selon la légende familiale, ils s'étaient perdus en visitant la région et avaient atterri dans ce coin de paradis ignoré des touristes. Ce n'était plus le cas depuis que la route étroite et dangereuse à flanc de montagne qui y menait avait été aménagée, mais le village est devenu le point de ralliement de notre famille dispersée aux quatre coins de la France.

Je vais à Cadaqués depuis que j'ai deux ans, et il me semble en connaître par cœur la moindre ruelle. J'étais curieux de redécouvrir l'endroit en hiver, sans ses touristes. Papa me tira de mes réflexions. Je crois que ça faisait plus de deux heures qu'il n'avait pas ouvert la bouche.

– Ça tombe bien, ce petit séjour en Espagne...

Je ne compris pas à quoi il faisait allusion.

– Tu vas pouvoir pratiquer ton espagnol...

Mon espagnol, c'était beaucoup dire. Je venais juste de le commencer comme deuxième langue, et j'avais vite compris qu'il me restait beaucoup à apprendre malgré tous ces étés passés en Espagne. Peut-être étais-je complexé parce que Papa parlait parfaitement la langue, apprise lors d'un séjour à Madrid alors qu'il avait une vingtaine d'années. Mon vocabulaire se résumait au kit de survie pour touriste. « Ir a la playa » « Aller à la plage » ; « un helado, por favor » : « une glace, s'il vous plaît » ; « ¿Qué tal? » : « Comment ça va ? » et c'était à peu près tout. Mais je ne m'inquiétais pas, les habitants étaient bienveillants et, surtout, parlaient pour la plupart au moins quelques mots de français.

Vers dix-sept heures, nous franchîmes le dernier col qui menait à Cadaqués. La mer se dévoilait au gré des virages serrés de la route coincée entre falaise et précipice. Enfin j'aperçus la masse blanche de l'église qui dominait tout le village. Chaque été, c'était pour moi le signal que les vacances commençaient.

Première différence notable : nous pûmes nous garer sans problème dans le Río, ce lit de rivière asséchée qui coupe le village en deux. Papa avait réservé deux chambres dans une « pensión », qui se révéla être un petit hôtel familial. Nous suivîmes le patron au premier étage.

– Tu habitación, dit-il en me tendant une clé.

« Habitación »… ça ressemblait à « habitat » : la chambre, bien sûr !

– Bienvenido a Cadaqués. Si necesitas algo, me lo preguntas.

« Necesitar »… « nécessiter »… « avoir besoin » ! Et « preguntar »… J'avais déjà rencontré ce verbe dans mon manuel d'espagnol, « poser une question » ou « demander ». Si j'avais besoin de quelque chose, je pouvais le lui demander.

– ¡Gracias! répondis-je timidement.

Je me sentis ragaillardi à l'idée que j'allais peut-être pouvoir me débrouiller sans l'aide de mes parents. Nous dînâmes dans le minuscule restaurant qui occupait le rez-de-chaussée de l'hôtel. Puis mon père m'annonça que la route l'avait épuisé et qu'il comptait se coucher tôt. Je lui demandai s'il voulait bien que j'aille faire un tour et il accepta sans hésiter : Cadaqués était un havre de paix et j'avais depuis longtemps l'autorisation de m'y promener seul.

Quelques minutes plus tard, je sortais dans la nuit, curieux d'explorer le village en hiver.

CASA DEL

Capítulo Dos

NUEVOS AMIGOS

Les Espagnols dînent tard. Ils aiment auparavant faire une promenade en famille, appelée « el paseo », sur la place du village. Celle de Cadaqués est entourée de restaurants et de cafés. Sur l'un des côtés se trouve le bar Maritim, qui donne sur la mer. La terrasse était fermée en cette saison ; la clientèle se pressait à l'intérieur, profitant de la retransmission d'un match de foot à la télévision. J'hésitai : il n'était que neuf heures ; allais-je me balader sur la plage ou plutôt m'enfoncer dans le dédale de petites rues qui semblaient toutes monter vers l'église ? Je décidai finalement de m'installer sur un banc et j'observai le va-et-vient des passants. Alors que l'été je me sentais comme chez moi à Cadaqués, j'avais ce soir l'impression d'être étranger. L'absence de touristes métamorphosait l'ambiance du village.

– ¡Hola! ¿Eres nuevo aquí?

Le garçon qui se tenait devant moi devait avoir trois ou quatre ans de plus que moi. L'éclairage diffus de la place révélait des yeux très clairs qui contrastaient avec sa chevelure sombre. Je remarquai le gros appareil photo qu'il portait en bandoulière. Je levai les mains en signe d'incompréhension et il répéta sa question plus lentement. « Hola », je connaissais, c'était comme ça qu'on se saluait. « Nuevo », ça ressemblait à « nouveau ». Et en prononçant « aquí », le garçon avait désigné la place d'un geste de la main. J'y étais : « Tu es nouveau ici ? » me demandait-il.

J'opinai de la tête et murmurai un « sí » hésitant : oui.

– ¿Cómo te llamas? reprit le garçon.

Ça, c'était plus facile. On avait appris à se présenter dès le premier cours d'espagnol. « Llamarse » : s'appeler.

– Me llamo Thomas, répondis-je, fier d'avoir pu construire cette phrase pourtant simple. ¿Y tú?

– Francesc. ¿Eres francés?

Je hochai la tête. Une fille nous rejoignit, longs cheveux noirs, jean et tee-shirt malgré le froid.

– Clara ; Thomas, annonça Francesc.

Je hochai la tête en guise de salutation. Ils échangèrent quelques phrases rapides dont je ne compris rien. Je réalisai qu'ils parlaient en catalan, la langue régionale de cette partie de l'Espagne. Puis la fille, s'apercevant sans doute que j'étais perdu, s'adressa à moi en espagnol en détachant bien les syllabes.

– ¿Quieres venir con nosotros?

Plutôt facile à deviner : « querer », je m'en souvenais, ça signifiait « vouloir », mais aussi

« aimer » ; « venir », c'était comme en français. Et « nosotros », ça devait être « nous ». Ils me demandaient si je voulais les accompagner. J'hésitai un instant. Est-ce que Papa serait d'accord ? Il ne m'avait pas donné d'heure pour rentrer et je m'étais toujours senti en sécurité à Cadaqués.

– Sí, répondis-je finalement. ¡Vengo con vosotros!

Nous quittâmes la place en suivant la mer, puis nous nous enfonçâmes dans les ruelles au niveau de la grande maison bleue construite par l'un de ceux que l'on surnommait les « Américains », ces Espagnols partis au début du XXe siècle à Cuba avant de revenir s'installer au pays, fortune faite. La pente de la rue pavée était rude et je dus accélérer pour ne pas me laisser distancer par mes compagnons. C'était un peu étrange de suivre ce garçon et cette fille que je ne connaissais pas. Moi qui craignais de m'ennuyer, je leur étais reconnaissant de m'avoir pris sous leur aile pour me proposer cette promenade de nuit au léger parfum d'aventure.

Au bout de quelques minutes, je compris que nous montions vers Port-Lligat, un lieu-dit à quelques minutes de marche de Cadaqués. Nous passâmes entre la petite église et le camping et découvrîmes bientôt, faiblement éclairés par les lampadaires de la route, les deux grands œufs blancs qui coiffent la maison où Salvador Dalí a habité. Dalí, le peintre à qui était consacrée l'exposition dont Maman s'occupait. C'était dans cette maison qu'il avait vécu plus de cinquante années, entrecoupées de séjours à Paris ou à New York, et là qu'il avait peint de nombreux chefs-d'œuvre. Quand j'étais enfant, Maman me montrait chaque soir des reproductions de tableaux au lieu de me lire un conte de fées. Elle inventait des histoires qui mettaient en scène les personnages. On ne me lit plus d'histoires avant d'aller dormir, mais nous avons gardé l'habitude de feuilleter ensemble des livres d'art. J'avais appris à aimer les tableaux si étranges de Dalí qui évoquaient des rêves peuplés d'éléphants aux pattes interminables, de monstres et de paysages en trompe-l'œil.

Francesc prit quelques photos de la maison blanche, puis nous continuâmes notre route et suivîmes une petite rue qui descendait vers la mer. Francesc ouvrit une porte de garage bleue et désigna trois vélos rangés contre le mur du fond.

– No es tarde... ¿Subimos hasta el monasterio? demanda-t-il en faisant un geste de la main vers le haut.

« Tarde »... comme « tard », bien sûr. Et je compris que « subir » voulait dire « monter ». Mais qu'allions-nous faire dans un monastère ?

Clara en tête, nous dévalâmes à toute vitesse les rues qui ramenaient vers le centre de Cadaqués. Elles étaient à peine éclairées et je devais me fier aux feux arrière de mes nouveaux compagnons pour ne pas heurter les trottoirs. Nous débouchâmes sur la promenade et, laissant la mer sur notre gauche, nous traversâmes tout le village jusqu'à l'extrémité de la baie. Au niveau de l'hôtel Rocamar, la route goudronnée céda la place à un chemin de terre qui montait en lacets dans la montagne. Le souffle court, nous nous concentrions pour éviter les ornières que signalait au dernier moment la lumière pâle de la lune.

Enfin, nous nous arrêtâmes devant un portail en bois qui ouvrait un passage entre deux murs de pierre sèche. Nous abandonnâmes les vélos dans le jardin et nous nous avançâmes vers une immense maison principale, très délabrée, entourée de bâtiments secondaires, sans doute des granges.

– ¿Dónde... aquí? bredouillai-je.

Clara me corrigea gentiment :

– ¿Quieres saber dónde estamos?

« Estar », c'était l'une des deux manières de traduire le verbe « être ». « Saber », ça ressemblait à « savoir ». J'y étais ! Elle me demandait si je voulais savoir où nous étions.

– Sí, répondis-je. ¡Quiero saber dónde estamos!

Francesc m'empoigna par le bras :

– Vamos a visitar.

« Vamos », comme dans « vamos a la playa ». Et « visitar », qui était vraiment très proche du français. Intrigué, je les suivis à l'intérieur de la maison.

Capítulo Tres

EL CUADRO

—La casa de mi abuelo, annonça Francesc en désignant le gigantesque salon. Pero él no está aquí. Solo viene durante el verano.

Il avait parlé lentement, mais plusieurs mots me manquaient. « Casa », ça allait : « maison ». « Abuelo » aussi : « grand-père ». La maison de son grand-père. « Solo », ça pouvait être « seulement ». Et ma grand-mère accrochait chaque été sur le réfrigérateur « el programa del verano », le programme de l'été, un prospectus qui annonçait les festivités à venir.

J'avais compris, c'était la maison de son grand-père, mais il n'était pas là, parce qu'il venait seulement pendant l'été. Je m'approchai de l'une des grandes fenêtres et découvris en contrebas les lumières du village. Puis je parcourus du regard la vaste pièce et je sursautai en découvrant la toile accrochée au-dessus de la cheminée. Au premier plan, trois « montres molles », l'une posée sur un meuble, la deuxième suspendue à un arbre, la troisième reposant sur une forme blanche allongée sur le sable. Au loin, une crique et des falaises.

– ¿Te interesa este cuadro? me demanda Francesc.

« Cuadro », ça voulait donc dire non seulement le cadre, mais tout le tableau. Et « interesa » rappelait « intéresser ».

– La playa de Port-Lligat, m'expliqua-t-il en pointant son doigt sur le tableau. Y estos, ajouta-t-il en désignant les montres molles, son los relojes blandos.

Il ne pouvait savoir que je connaissais particulièrement bien cette toile de Dalí qui trônait dans le salon de son grand-père. Maman avait pour autre habitude de m'envoyer prendre mon bain en annonçant à chaque fois : « Sept heures moins cinq : l'heure du bain ! Grand savonnage à l'heure des montres molles ! » Elle faisait référence à la montre peinte au premier plan. Quand je m'avançai, je fus donc surpris de découvrir que la montre du tableau que j'avais sous les yeux ne marquait pas la bonne heure, mais quatre heures et demie. Je détournai mon regard, avec l'idée de faire partager ma découverte à Francesc et à Clara. Mais, tout à ma contemplation, je ne m'étais pas aperçu qu'ils avaient disparu.

Je ressortis de la maison et m'aventurai dans le jardin. Je marchai précautionneusement entre les oliviers, car la nuit était noire. Je finis par entendre des voix. Ils étaient assis sur un banc et je compris à leur intonation qu'ils se querellaient en catalan. Les sonorités étaient familières mais je ne parvenais pas à comprendre ce qu'ils disaient. Je me sentais indiscret et j'hésitai quelques instants. Je regardai l'heure : presque dix heures. J'eus soudain l'impression que je n'avais rien à faire ici. Je fis deux pas en avant et ils me remarquèrent enfin.

– Es tarde... dis-je.

– ¿Te vas?

Toujours ce verbe « ir » qui veut dire « aller », si compliqué à conjuguer. Mais je saisis que Francesc me demandait si je m'en allais. Je hochai la tête, puis récupérai mon vélo dans le jardin. Je trouverais bien le moyen de le leur rendre le lendemain. La redescente vers Cadaqués était grisante malgré le froid qui paralysait mes mains. Je voyais toute la baie, le Cucurucuc, le rocher qui y est planté, les maisons de bord de mer éclairées et l'église illuminée qui surplombe le village. Les rues étaient désertes. À l'entrée de l'hôtel, le gardien de nuit me salua d'un hochement de tête distrait.

Le voyage m'avait épuisé. Je me couchai et m'endormis aussitôt.

Papa avait prévu une activité pour la matinée du lendemain : afin de respecter la tradition, nous allions visiter le musée Dalí, à Figueres. Je le connaissais par cœur, car nous y accompagnions Maman à presque chacun de nos séjours. Nous reprîmes le col de la montagne. Pendant le trajet, je racontai à Papa ma soirée de la veille. Il eut l'air content que je profite du village, et je compris qu'il repensait avec plaisir à ces années où lui aussi était enfant à Cadaqués.

– Vous avez parlé espagnol ? demanda-t-il.

– Oui, un peu... Assez pour constater que je peux me débrouiller.

– C'est bien... C'est quand même mieux de pouvoir discuter avec les gens quand on est dans un pays étranger !

Il avait raison ! Hier soir, je m'étais senti autonome, même s'il me restait du travail avant d'être en mesure de suivre toute une conversation.

Il faisait beau quand nous arrivâmes à Figueres. Avant la visite, nous nous installâmes à la terrasse d'un café pour déguster un chocolat chaud épaissi à la maïzena. À l'entrée du musée, une pièce reproduisait le visage de l'actrice américaine Mae West : sofa en forme de lèvres ; cheminée qui figurait le nez ; tableaux à la place des yeux. Nous déambulâmes dans les couloirs, admirant les œuvres. Un autoportrait de Salvador Dalí le représentait sous la forme d'une pâte brune et coulante soutenue par des béquilles. Je souris en découvrant le titre : « *Autorretrato blando con bacón frito – Autoportrait mou avec du lard grillé* », indiquait l'affichette rédigée en espagnol et en français. Plus loin, j'arrivai devant le tableau que je voulais voir, celui-là même que j'avais admiré la veille chez le grand-père de Francesc : « *La Persistance de la mémoire*, 1931, prêt du Musée d'Art moderne de New York. » J'observai la toile. Cette fois-ci, l'heure était la bonne : sept heures moins cinq.

Pendant que nous rentrions à Cadaqués, j'expliquai à Papa l'anomalie que j'avais repérée.

– C'est étrange… Le tableau que tu as vu hier est certainement une copie. Mais pourquoi cette minuscule différence ? Tu devrais appeler Maman, après tout, c'est elle la spécialiste de Dalí.

C'est ce que je fis dès que nous fûmes arrivés. Maman avait l'air très occupée et me prêta une oreille distraite. Elle connaissait parfaitement le tableau, bien sûr. Si Dalí avait quelquefois peint différentes versions de ses toiles, ce n'était certainement pas le cas de *La Persistencia de la Memoria* ! Elle semblait en être certaine. Elle me demanda vaguement des nouvelles de notre séjour puis raccrocha.

Mon après-midi fut consacré à une balade vers le phare de Cala Nans, que l'on rejoignait par un sentier caillouteux s'élevant le long de la mer avant de redescendre vers une petite crique bordée d'une plage de galets. Je fus surpris d'y découvrir Clara qui, assise sur un rocher, contemplait le large. Elle me salua d'un signe de la main.

– ¿Francesc no está aquí? pregunté.

– Nos hemos peleado, dit-elle en mimant des coups de poing.

Je compris qu'ils s'étaient disputés.

Comment disait-on « petit ami » ou « fiancé », déjà ? Je me souvins de la chanson *Y ahora tengo novio* du groupe espagnol Mecano. Papa me l'avait traduite : « Et maintenant j'ai un petit ami. »

– ¿Es tu novio?

Elle acquiesça d'un hochement de tête.

– Pero se va a ir. Su padre quiere que vaya a Roses para trabajar con él.

Roses, c'était une station balnéaire de l'autre côté de la montagne. Je m'efforçai de comprendre :

– Va a trabajar con su padre?

- Sí. Tiene que ganarse la vida.

« Ganar » et « vida », ça ressemblait au français. Francesc allait travailler à Roses parce qu'il avait besoin de gagner sa vie.

– Y yo voy a quedarme sola, ajouta-t-elle.

« Sola », c'était sûrement « seule ». Clara allait se retrouver seule à Cadaqués.

– ¿Y tú, tienes novia? preguntó Clara.

– No, répliquai-je fermement, en me sentant rougir.

Soudain, elle leva les yeux. Francesc, son appareil photo à la main, nous observait depuis le chemin que j'avais emprunté. Clara agita le bras, mais le garçon fit demi-tour et s'éloigna. Je ne savais pas quoi dire, embarrassé de faire irruption dans l'intimité d'un couple que je ne connaissais que depuis la veille. Je tentai de changer de conversation.

– La pintura de ayer... commençai-je.

Clara bondit sur ses pieds.

– ¡Vamos! Te voy a mostrar otros secretos de Cadaqués.

Elle allait me montrer d'autres secrets ? Je me levai à mon tour et je la suivis.

Capítulo Cuatro

LOS MODELOS DEL PUEBLO

Avec les années, Cadaqués s'était doté de quartiers neufs où se dressaient principalement des résidences secondaires de la bonne société barcelonaise. Nous nous dirigions vers l'un de ces quartiers, situé à l'opposé du phare que Clara et moi venions de quitter. Il nous fallut longer toute la baie puis traverser le centre-ville. J'essayais d'entretenir la conversation, mais je devais réfléchir soigneusement à mes phrases avant de me lancer. Et je crois qu'elle m'intimidait aussi un peu, avec sa manière d'aborder sans fard des sujets personnels.

– ¿A dónde vamos, exactamente? dije.

– A la casa de mi abuela. Vive frente al mar.

« Vive » comme « vivre ». « Frente », ça pouvait être le « front », comme dans l'expression « le front de mer ». Sa grand-mère habitait tout près de la mer. Je m'enhardis :

– ¿Vive con tu abuelo?

– No, él se murió hace mucho tiempo.

J'avais compris : « murió » ressemblait à « mourir ». Et j'avais déjà vu « mucho » en cours d'espagnol : « beaucoup ». Son grand-père était mort il y a longtemps.

– Era pescador, ajouta-t-elle.

Comme j'avais l'air de ne pas comprendre, elle mima quelqu'un qui remontait une canne à pêche. Son grand-père était pêcheur.

– ¿Y tú, dónde vives? me preguntó.

– Vivo en Paris, contesté.

– ¡Qué suerte tienes!

Elle avait prononcé ces mots d'un ton à la fois enthousiaste et un peu envieux. « Quelle chance ! » venait-elle de dire.

La vie à Paris avec la course permanente contre le temps, le bruit et la pollution n'était pas si facile, mais Clara et Francesc devaient se sentir à l'étroit à Cadaqués. Et bientôt il allait quitter le village, la laissant seule.

Nous avions dépassé la place du village. La route s'éleva, surplombant la mer, avant de redescendre vers une petite anse. Le Chiringuito, un restaurant donnant sur la plage des Oliviers que, pour une raison mystérieuse, mes parents et moi surnommions « Chez Pépé », était fermé. Nous suivions à présent un chemin de terre bordé de maisons neuves puis nous débouchâmes sur une petite place qui s'ouvrait sur la mer. À moins d'une centaine de mètres se tenait une île minuscule, S'Arenella, qui, d'après les guides touristiques, cachait un entrepôt souterrain utilisé autrefois par les contrebandiers pour entreposer leur marchandise.

La place était si exiguë qu'elle n'abritait que trois maisons à un seul étage, serrées les unes contre les autres comme pour résister à l'assaut du vent. Clara frappa à la porte de celle du milieu et entra sans attendre la réponse. Elle prononça quelques mots en catalan que je ne compris pas. Mais déjà une femme d'une soixantaine d'années venait à notre rencontre, un livre à la main. Clara passa à l'espagnol pour me présenter.

– Es un amigo. Se llama Thomas.

– ¡Encantada, Thomas!

Ça ressemblait à « enchantée ». Elle me souhaitait la bienvenue.

– Buenas tardes, répondis-je, car les Espagnols adaptent les formules de politesse selon l'heure de la journée : « buenos días » le matin, et « buenas tardes » l'après-midi.

– Le interesa Dalí, poursuivit Clara, toujours en espagnol.

– Bien, bien...

Elle nous fit signe de nous asseoir.

– ¿Y qué quieres saber?

Je n'étais pas certain d'arriver à l'interroger sur la mystérieuse version des montres molles que j'avais découverte chez le grand-père de Francesc.

– ¿Usted, conocer a Dalí? pregunté.

« Usted », c'est comme le « vous » de politesse en français. « Conocer », je m'en souvenais parce que ça ressemblait à « connaître », mais je ne savais pas comment le conjuguer.

– ¿Ha conocido usted a Dalí? me corrigió Clara.

– ¡Claro! contestó su abuela. Él era una buena persona con nosotros. No se comportaba como una persona famosa.

Incroyable : je comprenais tous les mots de la phrase !

– Y te voy a contar un secreto, reprit-elle. Cuando necesitaba un modelo, preguntaba a alguien del pueblo de posar para él.

« Contar »... un conte... « raconter » ! Et je me souvenais du titre de l'article d'un magazine espagnol que Papa lisait régulièrement et qu'il m'avait traduit : « Cadaqués, el pueblo más bonito del mundo », « Cadaqués, le plus beau village du monde ».

J'avais réussi à reconstituer l'histoire que me racontait la grand-mère : Dalí demandait aux villageois de Cadaqués de poser pour lui. Quel plaisir de comprendre ce que l'on me disait !

Nous continuâmes à discuter quelques minutes. Je regardai l'heure. Presque huit heures. Papa allait m'attendre pour le dîner. Je me levai.

– Mi padre, dis-je en désignant ma montre en guise d'explication.

La grand-mère hocha la tête gentiment.

– Fue un placer hablar contigo.

« Placer »... « plaisir » ! C'était un plaisir de parler avec moi !

– Gracias, señora, contesté.

– Ven, dame un abrazo, dit-elle en me serrant dans ses bras.

– Nos vemos, ajouta simplement Clara, alors que je passais déjà la porte.

Oui, pensai-je. On allait certainement se revoir.

Capítulo Cinco

LA LECCIÓN DE SARDANA

Je rejoignis Papa et nous allâmes dîner dans un restaurant de tapas, El Estable, légèrement à l'extérieur du village. On nous servit un assortiment de petites portions de chorizo, de calamars, de « patatas bravas », des pommes de terre relevées d'une sauce pimentée et, bien sûr, les traditionnels « caracoles », des escargots cuits dans leurs coquilles avec de la tomate et du piment.

Papa était content : la correction de ses copies avançait bien. Il me fit part des scrupules qu'il avait de m'abandonner des heures durant, de ne pas être disponible pour moi, mais il fut rassuré quand je lui racontai ma journée.

– C'est chouette que tu sois allé au phare... Et, à propos de phare, ça me donne envie de faire un saut à Cabo Creus demain matin. Ça te dirait ?

– Tu auras le temps ?

– Je peux bien m'arrêter une demi-journée. Et pas question d'être à Cadaqués sans faire un tour à notre crique !

Après le dîner, nous repartîmes tranquillement vers la place du village. J'entendis le premier les notes de musique.

– La sardane ! dis-je.

– C'est vrai, on est samedi !

La sardane est une danse traditionnelle catalane, mais c'est aussi bien plus que cela. Elle représente l'identité de la Catalogne, en particulier quand il s'agit de résister au pouvoir de la capitale, Madrid.

Quand nous arrivâmes sur la place, l'orchestre – une dizaine de musiciens entassés sur une estrade minuscule – terminait l'introduction du morceau. Un premier cercle se forma. Les danseurs se tenaient par la main, enchaînant des petits pas qui faisaient tourner le cercle tantôt vers la droite, tantôt vers la gauche. De nouveaux danseurs agrandissaient sans cesse la ronde.

Papa m'annonça qu'il allait boire une bière au Maritim. J'étais seul depuis quelques minutes, observant le spectacle, quand je sentis une main sur mon épaule. Clara.

– ¿Quieres aprender?

J'allais refuser, mais elle m'empoigna par le bras et me força à la suivre. Fort heureusement, nous nous contentâmes de nous placer derrière les danseurs pour que je puisse imiter leurs pas. Je sentais la main fraîche de Clara dans la mienne et cela ne m'aidait pas à me concentrer. Je luttai quelques minutes pour essayer de comprendre le code mystérieux qui guidait le pas des danseurs, et enfin la musique s'arrêta.

– ¡Gracias! dijo Clara.

À ma surprise, elle caressa ma joue avant d'y déposer un baiser. Mais elle regardait derrière moi. Je jetai un coup d'œil et découvris Francesc, assis sur un banc, qui nous cadrait dans l'objectif de son appareil photo.

– ¿Por qué hacer eso? pregunté.

« Hacer », « faire », un verbe de base en espagnol.

– ¿Por qué haces eso? me corrigea-t-elle machinalement.

Ah oui, le « s » à la deuxième personne du singulier.

– Él debe entender... explicó ella. Si se va, yo no voy a esperarle.

Francesc devait entendre... ? Non, « entender » avait sans doute ici un autre sens. Francesc devait, plutôt, comprendre... D'ailleurs, en français aussi, on emploie parfois « entendre » dans le sens de « comprendre », comme dans l'expression « je n'y entends rien ». Et « esperar » ressemblait beaucoup à « espérer ». Quand on espère, c'est qu'on attend quelque chose ! Clara m'expliquait que Francesc devait comprendre qu'elle ne l'attendrait pas s'il partait.

Je regardai à nouveau vers le banc. Francesc avait disparu, sans nul doute furieux de la scène à laquelle il avait assisté. J'étais choqué de réaliser que Clara m'utilisait pour faire passer un message à son ami. Je secouai la tête et m'éloignai à grands pas. Elle m'appela, mais je ne répondis pas. Déçu, j'allais m'asseoir sur la plage de galets. La baie qui, l'été, était peuplée de bateaux au mouillage n'abritait que quelques barques de pêcheurs à peine visibles, qui oscillaient doucement au rythme des vagues. Je retirai mes chaussures pour tremper mes pieds dans l'eau. Elle était glacée, bien sûr. Dépité par la tournure qu'avait prise la soirée, je fis quelques ricochets avant de rejoindre Papa.

Capítulo Seis

CABO DE CREUS

Cabo de Creus. Le cap des croix, en catalan. Le point le plus à l'est de l'Espagne. Un promontoire abrupt de rochers rongés par la tramontane. Il fallait un quart d'heure pour s'y rendre en voiture depuis Cadaqués. La petite route s'élevait en surplomb de la Méditerranée, dévoilant des criques qui, pour la plupart, n'étaient accessibles que par la mer. Le paysage devenait de plus en plus aride au fur et à mesure que nous avancions ; bientôt, les arbres cédèrent la place à la roche qui miroitait au soleil. Après une dernière côte particulièrement pentue, nous

nous garâmes au pied du phare et de la petite auberge qu'il abrite.

Du vrai phare, pourrait-on dire. Car un deuxième se dresse au milieu des rochers que l'on franchit pour redescendre vers la mer. Celui-ci fut construit pour les besoins d'un film de pirates tourné dans les années soixante, au titre évocateur de *Phare du bout du monde*.

Cabo de Creus était peu fréquenté l'été. Sans doute parce que le terrain accidenté ne se prêtait pas à la balade. Mais là, nous étions parfaitement seuls. Le vent, pour une fois, était clément : je me souvenais encore du jour où la portière de notre voiture avait été presque arrachée par une rafale.

Nous marchions l'un derrière l'autre, attentifs, comme aspirés par la mer que nous savions maintenant toute proche. Encore quelques efforts, et elle était là, notre crique secrète, celle que nous pensions ignorée des touristes. « On va à la crique ? » proposions-nous, sans avoir besoin de préciser. Le chemin de terre débouchait sur une grande dalle. Pour se baigner, il fallait encore franchir des rochers particulièrement aiguisés, ou, si l'on n'avait pas de chaussures, se jeter à la mer, en sachant parfaitement que l'on serait saisi par la fraîcheur de l'eau. Ressortir était une tâche ardue ; il fallait poser soigneusement le pied pour éviter les oursins abondants. Mais le plaisir était à la hauteur des efforts consentis. L'eau était absolument transparente et un simple masque permettait de découvrir des milliers de poissons. En relevant la tête, on se sentait à la fois écrasé et protégé par les falaises qui nous dominaient.

Mais pas question de se baigner ce jour-là. À la différence de Maman, ni Papa ni moi n'appartenions à la catégorie des héros qui ne peuvent résister au bonheur d'une baignade par tout temps, même au prix d'irrépressibles grelottements. Nous nous contentâmes donc de lézarder au soleil, somnolant à moitié, bercés par le clapot des vagues.

Nous avions prévu de déjeuner au café du phare. La remontée depuis la crique fut pénible, comme d'habitude, et c'est avec plaisir que nous nous assîmes de part et d'autre d'une table en bois dressée à l'extérieur du restaurant, juste au-dessus de la mer que nous dominions de plusieurs dizaines de mètres. De là, nous voyions toute la côte se découper. C'est pour cette vue exceptionnelle que nous avions décrété que cet endroit était « el café más bonito del mundo ».

Nous étions les seuls clients. Le patron, la cinquantaine, lunettes de soleil, tee-shirt fatigué portant l'inscription « Cadaqués, res mès » et queue-de-cheval, nous salua d'un signe de tête en posant les menus sur la table.

« Cadaqués, res mès », c'était le slogan en catalan que l'on retrouvait un peu partout sur les mugs ou les serviettes de plage : « Cadaqués, rien d'autre ».

Papa jeta un coup d'œil à son menu.

– Hamburger et Coca ? proposa-t-il.

J'acquiesçai.

– Dos hamburguesas y dos Coca-colas, por favor, annonça-t-il au patron qui venait de réapparaître.

Pendant que nous attendions la commande, il m'interrogea sur les nouveaux amis dont je lui avais parlé. Mais je restai évasif. Puis nous nous plongeâmes dans la contemplation de la mer, saupoudrée de petits moutons blancs.

Quand l'homme à la queue-de-cheval revint, il apportait non pas deux mais trois hamburgers.

– ¿Puedo sentarme con vosotros? demanda-t-il en désignant la chaise libre.

Il était évident qu'il nous demandait s'il pouvait s'asseoir avec nous.

– Por favor, contestó Papa.

– No hay nadie, dijo el hombre, y no me gusta comer solo.

« Nada », je connaissais, cela voulait dire « rien », comme dans « ¡de nada! », « de rien ! ». Mais « nadie » ? Papa, bien sûr, mettait un point d'honneur à ne pas m'aider. Devinant sans doute à mon air perdu que j'avais du mal à comprendre, l'homme désigna de la main l'intérieur du restaurant et secoua la tête. Je compris que « nadie » signifiait « personne ». Il n'y avait aucun client. Je pouvais reconstituer le reste tout seul. « Gusta », comme le « goût ». Avoir le goût, donc aimer. Il n'aimait pas manger tout seul.

Nous attaquâmes nos plats avec voracité, affamés par la marche du matin.

– ¿De dónde venís? preguntó el hombre.

Papa no dijo nada. Quería que contestara yo. Je me lançai :

– De Francia. Pero conocemos bien Cadaqués. Venimos aquí todos los veranos.

Je m'impressionnais : j'avais réussi à faire deux phrases complètes avec les quelques mots que j'avais appris les derniers jours.

– Puede ser difícil pasar todo el invierno en un sitio tan retirado, contestó el hombre. Pero cada día miro al mar y me digo que vale la pena.

Je comblai les trous : « invierno », ça rappelait « hiver ». « Sitio » et « retirado », c'était comme en français. « Mirar », je savais que ça voulait dire « regarder » : le professeur d'espagnol nous avait recommandé de penser au verbe « admirer » pour nous en souvenir. Et « vale la pena » ressemblait aussi beaucoup au français.

Papa allait traduire, quand je l'interrompis.

– Entiendo. A mí también me gusta el mar, dije.

Il était presque quinze heures quand nous repartîmes vers le village. Fourbus, le visage enflammé par le soleil, mais heureux.

Capítulo Siete

EL PROBLEMA DE FRANCESC

Papa retourna à ses copies. Que faire un dimanche après-midi à Cadaqués, en plein mois de décembre ? Même si ma dernière rencontre avec Clara m'avait laissé un goût amer, j'avais envie de la revoir. No sabía dónde vivía. Quand je lui avais posé la question, l'autre soir, elle m'avait répondu d'un vague « por allí » en désignant les petites rues qui montaient derrière le Casino l'Amistat, l'un des lieux de rendez-vous des habitants. Et je n'oserais pas retourner chez sa grand-mère pour demander son adresse.

Je sortis de l'hôtel. Après quelques instants d'hésitation, je décidai de monter jusqu'à l'église. Je m'attardai quelques instants sur la petite place où elle se dresse pour regarder jouer la colonie de chats qui avait pris possession du toit d'une maison située en contrebas. Je redescendis par la Carrer de la Torre, la rue de la Tour. Tout était désert : chacun devait déjeuner en famille avant, je l'imaginais, de ressortir en fin d'après-midi. Je sentis l'ennui me gagner. L'été, quand on ne savait que faire, une solution facile était toujours à portée de main : aller se poser sur la plage, y lire ou écouter de la musique, se baigner dès que la chaleur se faisait trop forte. Je résolus d'aller m'acheter une glace chez Pili, la boulangère chez qui nous avions nos habitudes. Mais quand j'y arrivai, je découvris que la boutique était fermée.

Il ne me restait plus qu'à repartir vers le centre du village. Sur la place, quelques groupes occupaient les bancs, surtout des jeunes qui, comme moi, devaient se sentir désœuvrés.

Si je ne vis Clara nulle part, mon cœur se mit à battre un peu plus rapidement quand je repérai Francesc en pleine discussion avec un groupe d'amis. Il me vit lui aussi et se dirigea vers moi. Il devait certainement m'en vouloir, mais l'idée de rebrousser chemin pour l'éviter me parut ridicule.

– ¡Hola! me saludó. ¿Sabes dónde está Clara?

No dije nada. Comment aurais-pu le savoir, moi qui la connaissais à peine ? ¿Qué se imaginaba?

– No lo sé, répondis-je après quelques instants, en secouant la tête. Quiero explicarte...

– No te preocupes, me interrumpió. Entiendo muy bien lo que está pasando.

« Preocupes », comme être « préoccupé ». Ne t'inquiète pas, me disait-il, je comprends très bien ce qui se passe.

– No, no es esto, protestai-je, croyant qu'il pensait à une histoire entre Clara et moi.

– Te digo que entiendo muy bien. Clara está triste porque me voy.

« Voy », c'était la première personne du singulier de « ir », « aller ». J'avais compris sa phrase, mais j'étais presque vexé qu'il n'ait pas cru une seconde que je puisse réellement intéresser Clara.

– Yo no tengo otra solución, reprit-il.

À présent que j'avais compris qu'il ne m'en voulait pas, je laissai libre cours à ma curiosité.

– ¿Por qué tienes que ir a Roses?

– Bueno... Mi madre perdió su trabajo, y necesitamos dinero.

Association d'idées : dinero, dinar... argent !

– ¡Pero eres joven! ¿Qué vas a hacer?

« Joven », comme « jeune »... Ça m'était venu tout seul.

– Aprender a cuidar los barcos de los turistas. No está tan mal.

« Cuidar », je n'étais pas sûr de comprendre.

– ¿Que quiere decir « cuidar »? pregunté.

– Ocuparme de los barcos, dit-il pour m'aider.

Il allait donc apprendre à prendre soin des bateaux des touristes. Et il ne trouvait pas ça si mal.

– Clara no entiende que no hay futuro en Cadaqués.

Il parlait de plus en plus vite, comme s'il avait oublié que je devais reconstituer chaque phrase qu'il prononçait. Mais, en fait, je suivais le rythme ! Pas de futur à Cadaqués… voilà ce qu'il pensait.

– Todo lo que me interesa es la foto, reprit-il. He hecho fotos de todas las partes del pueblo.

Il jeta un coup d'œil autour de lui.

– Ven, vamos a sentarnos en la playa.

Le silence s'installa quand nous nous fûmes assis. Le tableau me revint en mémoire. Je tentai une question :

– La copia del cuadro con los relojes blandos… En la casa de tu abuelo… ¿De dónde viene?

Il esquissa un sourire, comme si j'avais dit quelque chose de drôle.

– La copia… répéta-t-il.

– Pero la hora no es buena, ajoutai-je.

– ¿Lo has notado? dit-il, et je crus sentir une pointe d'admiration dans sa voix.

– Mi madre es una especialista de Dalí, expliqué.

Il parut hésiter à continuer.

– Si vendemos el cuadro, podré quedarme en Cadaqués.

Là, j'avais besoin d'un peu plus de temps : « vendemos », ça devait venir de « vender », comme « vendre » en français. OK : s'ils vendaient le tableau, il n'aurait pas besoin de partir travailler à Roses. Mais je ne comprenais pas : comment une copie pouvait-elle valoir une somme conséquente ?

No me dejó el tiempo de preguntar. Il se releva et s'éloigna sans ajouter un mot.

Capítulo Ocho

EL SECRETO DE CADAQUÉS

J'étais à nouveau laissé à moi-même. Encore deux heures à tirer avant de rejoindre Papa pour dîner. Je quittai à mon tour la plage et me dirigeai vers le Casino, le seul endroit qui semblait un peu animé en cette fin d'après-midi. J'aimais ce grand bâtiment blanc, dont la façade était percée de petites fenêtres en forme d'œil. Au centre du toit-terrasse se dressait une curieuse tour carrée rappelant vaguement le donjon d'un château du Moyen Âge.

Je n'osai pas entrer dans le bar et me contentai de le contourner. À l'arrière, la porte qui menait directement de la rue aux étages était ouverte. Je savais qu'on y organisait de temps à autre des expositions de photos. Peut-être était-ce le cas aujourd'hui ? Je grimpai le grand escalier, mais la pièce dans laquelle je débouchai était déserte. Je sortis sur la terrasse. Le vent de mer s'était levé, et je sentais le froid de la nuit toute proche. Je restai quelques instants à observer la mosaïque de lumières qui se dessinait peu à peu. Au loin, à l'extérieur de la baie, je vis passer ce qui me sembla être un immense paquebot et plusieurs voiliers qui, en comparaison, semblaient minuscules.

Quand je regagnai la chaleur de la pièce, je découvris Clara.

– Estaba abajo, en el bar, dijo inmediatamente.

Je ne connaissais pas « abajo », mais c'était facile à deviner : « en bas ».

No sabía qué pensar. J'étais content de la voir, mais encore contrarié par notre dernière rencontre.

– Lo que hice era estúpido, dijo Clara. Y no sirvió para nada.

« Hice », de « hacer », « faire ». Clara reconnaissait qu'elle avait mal agi avec moi, et je dois dire que ça me faisait plaisir.

– Roses no es muy lejos, répondis-je.

– Claro, pero... Parece que no quiere quedarse conmigo.

Entendía ahora. La séparation n'était pas insurmontable. Ils pourraient certainement se retrouver au moins le week-end. Mais Clara en voulait à Francesc de ne pas désobéir à son père, comme s'il le choisissait lui plutôt qu'elle.

Elle parut prendre une décision, m'attrapa par la main et m'entraîna vers une petite porte que je n'avais pas remarquée. Elle récupéra une clé cachée dans l'encadrement. La porte ouvrait sur une pièce de quelques mètres carrés, qui était vide à l'exception d'un tableau accroché au mur.

– ¿Recuerdas el cuadro de la noche pasada? me dit-elle en désignant la toile.

« Recuerdas », ça me rappelait un peu « to record » en anglais : « enregistrer ». Voyons… est-ce que j'avais enregistré ? Puis la lumière se fit : est-ce que je me souvenais du tableau ? Celui de l'autre nuit ! Bien sûr, je m'en souvenais. Et j'avais devant moi pour la troisième fois les montres molles de *La Persistencia de la Memoria*. Mon regard se porta immédiatement sur l'heure que donnait la première des montres. Et c'était encore une autre version que j'avais sous les yeux. No eran las siete menos cinco, como en el original que había visto en el museo. Ni las cuatro y media, como en casa del abuelo de Francesc. Cette fois-ci, les aiguilles indiquaient deux heures.

– No entiendo, dis-je doucement. Todas estas copias. Pero con una hora diferente.

– ¿Puedes guardar un secreto?

Je hochai la tête, bien que je n'aie aucune idée de ce dont elle voulait parler.

– Este cuadro… y el cuadro en casa del abuelo de Francesc… No son copias.

– ¿Qué quieres decir? pregunté, perdido.

– Dalí las pintó, y las dio a los habitantes del pueblo.

« Dio », ça pouvait venir de « dar », « donner ». Des tableaux authentiques offerts aux habitants du village ? Je n'en croyais pas mes oreilles !

– Hay muchas más pinturas como éstas, pero sólo lo sabe la gente de aquí.

« Gente », « les gens », bien sûr. Elle m'expliquait qu'il y avait beaucoup d'autres toiles, mais que seuls les gens d'ici le savaient.

– ¿Pero por qué son un poco diferentes?

– No sé... Puede ser que fuera como un juego para él. Y así sabemos que no son copias.

« Juego », facile : un « jeu ».

– ¿Por qué las dio?

– Era un tipo extraño. Muy famoso y excéntrico en el resto del mundo, pero muy normal cuando estaba aquí, en Cadaqués. Cuando alguien posaba para él o cuando alguien le ayudaba en casa, le daba un cuadro. Como una manera de dar las gracias.

« Extraño », ça ressemblait à « étrange », et je savais déjà que Dalí était un homme étrange. Maman m'avait parlé de ses excentricités, de ses moustaches qui remontaient vers le haut. Il y avait aussi cette histoire qui m'avait fait rire : un magasin voulait réaliser une vitrine pour présenter un nouveau parfum, nommé « Fracas ». Il avait commandé une œuvre à Dalí pour la décorer. Mais le peintre s'était simplement présenté le jour du lancement et avait projeté un pavé dans la vitrine, créant un véritable... fracas !

Clara m'expliquait qu'à Cadaqués, il se comportait normalement. Il me fallut juste une seconde pour comprendre le mot qui me manquait. « Ayudar »... Je me souvins de ce dessin animé où un raton ne cessait de crier « ¡Ayuda! ¡Ayuda! » : « À l'aide ! » Donc « ayudar », c'était « aider ». Dalí pouvait donner une toile à quelqu'un qui posait pour lui, ou qui l'aidait à la maison. Une manière de le remercier.

Entonces entendí que los cuadros de Dalí valían una fortuna. Pensé en lo que había dicho

Francesc: si vendiera uno – por ejemplo el que había visto en casa de su abuelo –, podría quedarse en Cadaqués.

– No queremos vender las pinturas, reprit Clara, comme si elle avait suivi le cours de mes pensées. Sería como traicionarle. Así recordamos que Dalí era uno de nosotros.

Je crus reconnaître « trahison » dans « traicionar ». Vendre les peintures serait comme trahir le peintre. Grâce à elles, les gens du village se souvenaient qu'il avait été l'un d'entre eux.

– ¿Y Francesc, qué quiere hacer? pregunté.

Elle parut gênée par ma question.

– Dice que va a vender la pintura del abuelo, dijo.

Elle réfléchit un instant.

– Y si lo hace, el mundo entero va a conocer nuestro secreto.

Capítulo Nueve

PASEO DE NOCHE

Il était temps de rejoindre Papa. Clara et moi décidâmes de nous retrouver après le dîner – « después de la cena ». Comme la Cène, le dernier repas du Christ. En chemin, je réalisai le dilemme auquel j'étais confronté. Je brûlais d'envie de révéler le secret des Dalí cachés. Si j'en parlais à mon père, il me presserait d'appeler Maman aussitôt. Para ella, la especialista del pintor, descubrir unos cuadros desconocidos sería una suerte extraordinaria. Nul doute que sa renommée en serait décuplée. Mais j'imaginais aussi l'afflux de journalistes que l'extraordinaire nouvelle susciterait. Cadaqués envahi de caméras et de micros. Todo el mundo conocería el secreto. Pero Clara me había dicho que Francesc iba a vender su *Persistencia de la Memoria*. Yo no sabía cómo pensaba hacerlo. Le preguntarían de dónde venía el cuadro. Et là encore, on ne manquerait pas de découvrir l'histoire des tableaux. S'il était inéluctable que le mystère soit dévoilé, ne fallait-il pas que ce soit Maman qui en profite ?

Je n'étais arrivé à aucune conclusion quand je rejoignis Papa. Esta noche, íbamos a cenar en un restaurante de la plaza. J'avais envie d'une omelette aux pommes de terre.

– Una tortilla de patatas, por favor, commandai-je.

– Y para mí también, ajouta Papa.

Il enchaîna avant que j'aie pu ouvrir la bouche.

– Maman nous fait une surprise. La préparation de l'exposition a avancé plus vite que prévu. Elle arrive demain matin à la gare de Figueres. Et elle reste avec nous jusqu'à la fin du séjour.

J'étais bien sûr heureux d'apprendre que nous serions bientôt réunis. En même temps, la perspective de voir ma mère accroissait mon inquiétude. On peut toujours dissimuler au téléphone, mentir par omission. Mais je n'imaginais pas lui taire la vérité les yeux dans les yeux.

Durante la cena, hablamos de lo que íbamos a hacer con Mamá. Después, como siempre, Papa volvió a sus exámenes y yo me fui a pasear por el pueblo, esperando a Clara.

Dans une rue sombre, je m'arrêtai devant une maison dont la fenêtre était entrouverte. Une voix récitait une poésie, encore et encore, peut-être pour endormir un enfant. Je m'assis sur une marche et l'écoutai dans le silence de la nuit.

La plaza tiene una torre,
la torre tiene un balcón,
el balcón tiene una dama,
la dama tiene una flor[1].

1. Poème d'Antonio Machado.

Capítulo Diez

TRAICIÓN

–¡Tenemos que hablar con Francesc! me dit Clara dès que je la retrouvai. No debe vender el Dalí.

– ¿Sabes dónde está? contesté.

– En casa de su abuelo.

– Vengo contigo.

Nous nous mîmes en marche aussitôt. Un brouillard humide avait envahi le village, brouillant mes repères. Apenas podía ver el mar.

Cette fois-ci, nous n'avions pas de vélos et il nous fallut une demi-heure pour atteindre la maison.

– ¡Francesc! ¡Francesc! appela Clara quand nous franchîmes la grille.

Le garçon sortit à notre rencontre.

– ¿Qué queréis?

– No puedes hacer esto, dijo Clara. Todo el mundo va a conocer nuestro secreto. Nunca más estaremos en paz.

Si Francesc vendait le tableau, c'en était fini de la paix de Cadaqués.

– Lo haré todo para guardar el secreto, te lo prometo.

– ¡Debe haber otra solución!

Francesc secoua la tête et nous tourna le dos.

Je décidai d'intervenir.

– ¿Y cómo vas a venderlo? dije. Te van a preguntar dónde has encontrado el cuadro.

Comprenant où je voulais en venir, Clara enchaîna :

– Thomas tiene razón. ¡Van a pensar que has robado la pintura!

« Robar »... comme « dérober ».

Francesc parut hésiter.

– Necesito el dinero, Clara, dijo por fin.

Yo tenía una idea. Maman serait ici dès le lendemain. Qui mieux qu'elle saurait comment agir dans une telle situation ? Conocía las pinturas de Dalí y podría ayudar a Francesc. Pero yo no sabía qué hacer. En mettant ma mère dans la confidence, je trahirais le secret. Era una decisión imposible: ayudar a Francesc o traicionar a Clara. Je regrettai aussitôt de ne pas avoir partagé mes doutes avec Papa, plus tôt au dîner. Trop tard. Il fallait me décider. Je sentais que la situation était trop compliquée pour des adolescents. Necesitábamos la ayuda de una persona de confianza.

– Podemos hacer algo, dije.

Ils me regardèrent tous les deux, sans doute surpris que j'aie une proposition à leur faire. Après tout, j'étais un étranger, au mieux un témoin, mais pas un acteur de cette histoire.

– Mi madre... Es una... especialista de arte. Y conoce muy bien a Dalí. Organiza una exposición en Paris.

– ¿Quieres llamarla? preguntó Clara.

– No, mañana viene aquí, en Cadaqués. Va a pasar algunos días con nosotros.

Je n'étais plus certain de prendre la bonne décision, mais je décidai de continuer.

– Podemos hablar con ella. Preguntarle lo que debemos hacer.

– ¿Y piensas que va a guardar el secreto?

– No lo sé. ¡Pero necesitamos ayuda!

Clara reflexionó.

– ¿Qué te parece, Francesc? preguntó.

Il hocha la tête, mais il avait l'air gêné.

– Lo que pasa...

Je compris aussitôt que nous arrivions trop tard.

– He llamado...

– ¿A quien has llamado? cria Clara.

– Bueno, sabes, al director del museo de Figueres. Le he dicho que tenía un cuadro, que debía verlo.

– ¿Y te ha creído?

– No sé, pero parecía interesado. Dijo que quería verlo. Vendrá aquí mañana.

Clara parvint à grand-peine à réprimer sa colère.

– ¡Y no me lo has dicho! ¿Qué hacemos ahora?

Ils se tournèrent tous les deux vers moi, comme si désormais les décisions me revenaient.

– Esperamos... dije. ¡Mañana será otro día!

Capítulo Once

¿VERDADERO O FALSO?

Papa et moi partîmes tôt vers la gare de Figueres pour aller y attendre Maman. Dans la voiture, alors que, mal réveillés, nous franchissions le col au ralenti, coincés derrière une procession de camions de livraison, je racontai les événements de la veille à Papa.

– Je comprends que tu sois tiraillé entre Francesc et Clara. Et aussi que tu aies envie de protéger le Cadaqués que tu aimes, même si tu serais très fier d'aider ta mère à découvrir de nouveaux tableaux. Mais dis-toi une chose : ce n'est pas ton histoire. Elle a commencé il y a longtemps, et c'est avant tout l'affaire des habitants du village. Tu sais, très peu de secrets demeurent cachés pour toujours.

– Mais je m'en suis mêlé en proposant que Maman vienne voir le tableau, répondis-je.

– Tu as pensé que vous aviez besoin d'aide, et tu as bien fait !

Nous venions de dépasser la station météorologique qui surplombait la montagne. Je réfléchis quelques instants.

– Tu ne m'en veux pas de ne pas t'en avoir parlé plus tôt ? finis-je par dire.

– Tu veux dire : avant de proposer à tes amis d'appeler ta mère ? Mais non, pas du tout ! À ta place, j'aurais été bien embarrassé et d'ailleurs je n'aurais pas su que te conseiller. On va bien voir ce que propose la spécialiste de Dalí, ajouta-t-il avec un sourire.

La nouvelle gare de Figueres était déserte comme à son habitude. Maman semblait en forme malgré la nuit dans le Talgo, le train de nuit de Paris.

– Salut, mes chéris, lança-t-elle avec un grand sourire.

– Tu veux prendre un café avant qu'on reparte ? demanda Papa.

– Non, je ne veux pas perdre une minute ! Cap sur Cadaqués.

Nos contó lo que había hecho durante la semana. Les tableaux étaient tous arrivés, l'accrochage s'était bien passé, et le catalogue avait été bouclé juste à temps pour pouvoir être imprimé.

– Alors je me suis dit qu'ils pourraient parfaitement se débrouiller sans moi. Y aquí estoy, conclut-elle avec le petit rire que j'aimais tellement. Et vous, comment s'est passé ce séjour ?

Sans attendre la réponse, elle se tourna vers moi :

– Dis-moi, ça m'a fait plaisir que tu m'appelles pour me parler d'un tableau de Dalí ! Mais je suis curieuse : tu ne m'as pas dit pourquoi tu t'y intéressais ?

J'échangeai un coup d'œil avec Papa par rétroviseur interposé. Il hocha la tête sans rien dire. Conté a mi madre la historia de los dos cuadros que se parecían a la *Persistencia de la Memoria*. Dije que posiblemente había otros y expliqué que el director del museo de Figueres venía a Cadaqués esta mañana.

– J'ai du mal à y croire, dit-elle finalement après quelques instants de silence. Mais ça ne coûte rien de jeter un œil, n'est-ce pas ?

– Ça t'embête si on va directement chez Francesc ? proposai-je.

– Moi qui croyais en avoir terminé avec Dalí pour quelques jours ! se contenta-t-elle de répondre.

Quand nous arrivâmes, une voiture était déjà garée devant la maison. Malheur ! Le directeur du musée devait être déjà arrivé, et c'en était fini du secret.

Entramos. Francesc y Clara estaban con un señor. Miraban el cuadro.

Ils eurent l'air surpris de nous voir.

– Francesc, Clara, estos son mis padres.

– ¿Señor Ballester, supongo? Soy Catherine Paranger.

J'aurais dû m'en douter : Maman connaissait bien sûr le nom du directeur du musée Dalí. Et je pus vérifier à quel point elle était respectée parmi les spécialistes du peintre.

– ¡Señora Paranger! ¡Qué sorpresa! He leído todo lo que ha escrito sobre Dalí.

« Sorpresa », c'était presque « surprise », et « leído » venait certainement de « leer », « lire ».

– Es un honor encontrarla por primera vez, reprit-il. ¿Qué hace usted en Cadaqués?

– La verdad es que venimos aquí cada año. Más bien durante el verano.

Miró el cuadro.

– ¿Y qué tenemos aquí?

– Este joven dice que es un auténtico cuadro de Dalí. Conocía los rumores de cuadros escondidos en Cadaqués. Por eso quería verlo.

– ¿Una variación de la *Persistencia de la Memoria*? dit Maman avec un haussement de sourcils. ¿No le parece increíble?

Monsieur Ballester eut un petit rire gêné, comme si Maman venait de remettre en doute ses compétences professionnelles.

– ¿Me permite? reprit-elle en s'approchant du tableau.

Durante algunos minutos observó la pintura. Elle s'arrêta un long moment devant la signature, puis examina l'encadrement. Nous la regardions faire, attendant son verdict. Je jetai un coup d'œil à Clara qui tenait la main de Francesc. J'imaginais les pensées contradictoires qui devaient les agiter. Clara allait garder Francesc, mais Cadaqués perdrait son secret. Et lui, comment vivrait-il avec la trahison qu'il s'apprêtait à commettre ?

– No hay ninguna duda, dijo mi madre por fin.

« Il n'y a aucun doute » : Maman faisait durer le suspense. Nous retenions notre souffle.

– Este cuadro es falso. Muy bien hecho, pero falso.

– ¡Lo sabía! s'exclama aussitôt Monsieur Ballester, avec une assurance qui sonnait faux.

Je vis que Clara s'apprêtait à parler, mais Maman, d'un mouvement de la main, lui ordonna de se taire et prit la parole à sa place :

– Señor Ballester, fue un placer conocerle. Déjeme acompañarle hasta el coche.

Comme si elle était chez elle, elle le prit par le bras pour le raccompagner à sa voiture. Au moment de franchir la porte, elle se retourna et nous fit à tous un clin d'œil accompagné d'un grand sourire.

Capítulo Doce

EL MUSEO PARTICULAR

Mi madre había decidido guardar el secreto. Cuando volvió a la casa, Clara la abrazo fuertemente.

– ¡Muchas gracias, señora!

– Bueno, he pensado que ya hay bastantes cuadros de Dalí en los museos. Me parece bien que algunos se queden en el mismo sitio donde fueron pintados.

Yo miraba a Francesc. Se quedaba tranquilo. ¿Qué iba a hacer? ¿Aceptar de marcharse para Roses, o intentar vender el cuadro otra vez?

Mi madre miró a mi padre con una sonrisa.

– A mí también me gusta Cadaqués tal como está, muy tranquilo y sin reporteros, dijo mi madre. Y ahora, vamos a comer. ¡Invito yo!

Volvimos hasta el centro del pueblo, y nos sentamos en el bar Maritim.

– Tengo una buena noticia, dijo mi madre. Hace años que quiero hacer un libro sobre Dalí y Cadaqués. Con fotos de todos los sitios que están en sus cuadros. Por fin, he encontrado a un editor interesado. Y me va a dar un poco de dinero para prepararlo.

Se dirigió a Francesc.

– Podría necesitar ayuda para el proyecto. Alguien que conozca bien el pueblo. Thomas me ha dicho que te interesa la foto?

– Hace fotos muy bonitas! dijo Clara con entusiasmo.

– Francesc, ¿qué te parece? preguntó mi madre.

Francesc estaba sorprendido y no sabía qué contestar.

– ¡Sí, claro que sí! dijo por fin.

– No es mucho dinero, pero podrás trabajar conmigo después del colegio. ¡Así que me vas a prometer no dejar la escuela!

– ¡Se lo prometo, señora!

– Puedes llamarme Catherine, ya que vamos a ser compañeros de trabajo. Pero ahora, son las vacaciones.

Consultó la carta y anunció:

– ¡Yo quiero una hamburguesa!

Y fue así como Cadaqués guardó su secreto. Pero ahora mi madre, mi padre y yo lo conocemos también. Clara contó a todos los habitantes lo que mi madre había hecho para proteger el misterio Dalí. Y todos los que tienen un cuadro en casa nos han invitado a verlos cuando queremos. Es por eso que, desde este invierno, tenemos nuestro museo particular en Cadaqués.

L’auteur

Né à Paris, Gilles Fontaine a vécu à Tours, La Havane, Madrid, Montpellier et aujourd’hui Strasbourg. Mais c’est à Cadaqués, où se déroule ce roman, qu’il revient chaque été.

Il exerce le curieux métier de spécialiste de l’économie de la télévision. C’est lors d’une année sabbatique en 2002 qu’il découvre l’écriture et publie *Durango* (Nathan). Plusieurs romans ont suivi, aux éditions Magnard, Nathan et Le Seuil.

Pour choisir son roman Tip Tongue

A1 INTRODUCTIF / DÈS LE CE2 - CM1 - CM2

• ANGLAIS

Jeanne et le London Mystery
CLAUDINE AUBRUN
ET STÉPHANIE BENSON
LONDRES (Angleterre)

Florimond à la recherche du Oxford Treasure
YVES GREVET
OXFORD (Angleterre)

Blanche-Neige et la Magic Frog
STÉPHANIE BENSON

Boucles d'Or et les Strange Bears
STÉPHANIE BENSON

Valentin et les Scottish Secret Agents
CLAUDINE AUBRUN
ET STÉPHANIE BENSON
ÉDIMBOURG (Écosse)

Jeanne et le Fake London Manuscript
CLAUDINE AUBRUN
ET STÉPHANIE BENSON
LONDRES (Angleterre)

A1 DÉCOUVERTE / DÈS LE CM2 - 6e - 5e

• ANGLAIS

Hannah et le trésor du Dangerous Elf
STÉPHANIE BENSON
DERRY (Irlande)

Qui a vu le Phantom of the Opera?
CARINA ROZENFELD
SYDNEY (Australie)

Tom et le secret du Haunted Castle
STÉPHANIE BENSON
AIRTH (Écosse)

La malédiction du Welsh Red Dragon
STÉPHANIE BENSON
ABERGAVENNY (Pays de Galles)

Noah et l'énigme du Ghost Train
STÉPHANIE BENSON
DUBLIN (Irlande)

Wiggins, Sherlock et le Mysterious Poison
BÉATRICE NICODÈME
LONDRES FIN XIXe

• ALLEMAND

Martin et la Mysteriöse Kreatur
ROLAND FUENTÈS
MITTENWALD, HEIDELBERG (Allemagne)

Quatre fantômes im neuen Berlin
ROLAND FUENTÈS
BERLIN (Allemagne)

• ESPAGNOL

Thomas et le misterio Dalí
GILLES FONTAINE
CADAQUÈS (Espagne)

A2 INTERMÉDIAIRE / DÈS LA 5e - 4e - 3e

• ANGLAIS

Peter et le mystère du Headless Man
STÉPHANIE BENSON
SAINT STEPHEN (Angleterre)

Lilith et la vengeance du Dark Magician
STÉPHANIE BENSON
LONDRES (Angleterre)

Alex et le rêve de la New York Star
STÉPHANIE BENSON ET JAKE LAMAR
NEW YORK (États-Unis)

Hélène et les Disappearing Gamers
NICOLAS LABARRE
PARIS (France)

Lucas et la Chick Team
MAÏTÉ BERNARD
NASHVILLE (États-Unis)

Zoé et l'élixir of Eternal Life
HERVÉ JUBERT
BRIGHTON (Angleterre)

• ALLEMAND

Emma et la japanische Mangaka
ISABELLE COLLOMBAT
LEIPZIG (Allemagne)

Mathéo et la tolle Mädchen
MYRIAM GALLOT
FRANCFORT-LANDENBURG (Allemagne)

• ESPAGNOL

Benoît et la bande de los Moteros
MAÏTÉ BERNARD
IBIZA (Espagne)

Tournage al Alcázar de Sevilla
LAURENCE SCHAACK
SÉVILLE (Espagne)

Je suis un verdadero Argentino !
LAURENCE SCHAACK
BUENOS AIRES (Argentine)

B1 SEUIL / DÈS LA 3e - 2nde - 1re

• ANGLAIS

Hidden Agenda
CHRISTOPHE LAMBERT ET SAM VANSTEEN
SAN FRANCISCO (États-Unis)

La traversée du Time Tunnel
STÉPHANIE BENSON
EPSOM (Angleterre)

Dylan Dilemma
STÉPHANIE BENSON
NEW YORK (États-Unis)

Loi n° 49-956 du 16 juillet 1949
sur les publications destinées à la jeunesse,
modifiée par la loi n° 2011-525 du 17 mai 2011.

Mise en pages : DV Arts Graphiques à La Rochelle
N° éditeur : 10244540 – Dépôt légal : septembre 2017
Achevé d'imprimer en février 2018 - N° 2699187M
par Jouve (53100, Mayenne, France).

MIXTE
Papier issu de
sources responsables
FSC® C022030